AF662189

बाइबिल
की कहानियाँ

OM KIDZ
An imprint of Om Books International

Published in 2013 by

OM KIDZ

An imprint of Om Books International

Corporate & Editorial Office
A 12, Sector 64, Noida 201 301
Uttar Pradesh, India
Phone: +91 120 477 4100
Email: editorial@ombooks.com
Website: www.ombooksinternational.com

Sales Office
4379/4B, Prakash House, Ansari Road
Darya Ganj, New Delhi 110 002, India
Phone: +91 11 2326 3363, 2326 5303
Fax: +91 11 2327 8091
Email: sales@ombooks.com
Website: www.ombooks.com

Copyright © Om Books International 2013

Retold by Subhojit Sanyal

ALL RIGHTS RESERVED. No part of this book may be reproduced or transmitted in any form by any means, electronic or mechanical, including photocopying and recording, or by any information storage and retrieval system, except as may be expressly permitted in writing by the publisher.

ISBN: 978-93-82607-13-7

Printed in India

10 9 8 7 6 5 4 3 2 1

विषय-सूची

दुनिया बनने की कहानी

आरंभ में ईश्वर ने स्वर्ग और पृथ्वी की रचना की। पृथ्वी की ओर देखते हुए उसने कहा, “वहाँ प्रकाश भी होना चाहिए,” और देखते ही देखते पूरी पृथ्वी में चारों ओर उजाला ही उजाला हो गया।

हर तरफ चमकीली रोशनी देखकर ईश्वर ने घोषणा की, “इस चमकीली रोशनी को ‘दिन’ और अंधकार को ‘रात’ कहा जाएगा।”

दूसरे दिन, ईश्वर ने गहरे पानी के ऊपर आसमान बना दिया और उसे पूरी पृथ्वी पर ढँक दिया, लेकिन कहीं भी सूखी ज़मीन नहीं थी।

तीसरे दिन, उसने पानी इकट्ठा किया तो कई जगह सूखी ज़मीन निकल आई। उसने सूखी ज़मीन को 'धरती' और पानी वाले हिस्से को 'समुद्र' का नाम दिया। इस धरती पर उसने अलग-अलग तरह के पेड़-पौधे और फूल लगा दिए। धरती बहुत सुंदर लगने लगी।

चौथे दिन, ईश्वर ने आसमान में तेज़ प्रकाश की रचना करने का निश्चय किया। पल भर में ही उसने सूर्य, चंद्रमा और तारे बना दिए।

पाँचवें दिन, उसने समुद्र और सागरों में व्हेल, डॉल्फिन, मछलियों जैसे तरह-तरह के जीव-जंतु भर दिए। आसमान में उसने सुंदर-सुंदर रंगबिरंगे पक्षी भर दिए।

छठे दिन, उसने धरती पर जानवर बना दिए। हाथी, शेर, बंदर और यहाँ तक कि चींटियाँ और मच्छर भी बना डाले। जब धरती पूरी भर गई तो उसने अपने खुद की शक्ल-सूरत का मनुष्य बनाने का फैसला किया।

सातवाँ दिन आया तो ईश्वर ने देखा की अब समूचा ब्रह्मांड पूरा हो चुका है। पूरी दुनिया की रचना करने के बाद वह आराम करने लगा।

सातवें दिन पर ईश्वर ने विशेष कृपा करते हुए उसे पवित्र बना दिया।

ईश्वर की इच्छा रहती है कि हम लोग भी वैसा ही करें। वह चाहता है कि हम छह दिन कड़ी मेहनत करें और सातवें दिन आराम करें तथा मस्ती करें। हमें हर रविवार ईश्वर को समर्पित करना नहीं भूलना चाहिए और उसकी आराधना करनी चाहिए। उसे इतने सुंदर-सुंदर उपहारों के लिए धन्यवाद देना चाहिए।

आदम और हव्वा

जब ईश्वर ने पृथ्वी बनाई तो उसे ध्यान आया कि उसकी देखभाल के लिए तो कोई नहीं है। उसने जमीन से मिट्टी का ढेर उठाया और उसे मनुष्य बना दिया। इसके बाद उसने मनुष्य में प्राण डाल दिए।

जब मनुष्य को जीवन मिल गया तो ईश्वर ने उसका नाम आदम रखा। वह आदम को प्रसन्न रखना चाहता था। उसने एक सुंदर बाग़ की रचना कर दी, जिसमें सेब, नाशपाती, आम, अंजीर जैसे कई तरह के पेड़ लगा दिए। बाग़ के दाहिनी ओर उसने दो पेड़ लगाए–जीवन वृक्ष और ज्ञान वृक्ष। इस बाग़ का नाम उसने ईडन रखा।

बाग़ बहुत सुंदर था और ईश्वर ने आदम से कहा कि वह इसमें लगे हर तरह के पेड़ों के फलों का आनंद उठाए, लेकिन उसने ज्ञान वृक्ष के फल खाने से उसे मना कर दिया।

आदम आज्ञाकारी था और खुशी-खुशी उस सुंदर बाग़ में रहने लगा। हालाँकि, अब उसे अकेलापन

अखरने लगा। ईश्वर ने उसकी उदासी पर ध्यान दिया। एक दिन, जब आदम सो रहा था, तभी ईश्वर ने उसकी पसली की एक हड्डी ली और उससे एक औरत बना दी। औरत का साथ पाकर आदम बहुत प्रसन्न हुआ। ईश्वर ने औरत का नाम हव्वा रख दिया।

ईडन के सुंदर बाग़ में आदम और हव्वा खुशी–खुशी रहने लगे।

एक दिन जब हव्वा बाग़ में टहल रही थी, तो उसे एक साँप मिल गया। साँप ने उसे ज्ञान वृक्ष के फल खाने के लिए ललचाया। ज्ञान वृक्ष के फल बहुत सुंदर और स्वादिष्ट दिख रहे थे। हव्वा लालच में आ गई और उसने एक फल खा लिया। उसने वह फल आदम को भी खिला दिया। जब ईश्वर को पता चला कि आदम और हव्वा ने उसकी बात नहीं मानी है, तो उसे बहुत गुस्सा आया। उसने दोनों को बाग़ से

निकाल दिया। उसने दोनों से कहा कि अब तुम लोगों को कड़ी मेहनत करनी पड़ेगी और जीवन भर अपने बच्चों के साथ कई तरह की कठिनाइयों का सामना करना पड़ेगा। हालाँकि, गुस्सा होने के बावजूद, ईश्वर दोनों से प्यार करता था और चाहता था कि वे जीवन के सबक सीखें।

कैन और एबेल

आदम और हव्वा से पाप तो हो गया था, लेकिन ईश्वर उन दोनों से बहुत प्यार करता था। उसने उन दोनों को एक बच्चा भी दिया। इस तरह दुनिया का पहला बच्चा पैदा हुआ। उसका नाम उन्होंने कैन रखा। कुछ समय बाद, उन्हें एक और संतान हुई, जिसका नाम एबेल रखा गया। कैन और एबेल के बाद उन्हें और भी बहुत सारे

बच्चे हुए। उनके बच्चों के भी बच्चे हुए, और बच्चों के बच्चों के भी बच्चे होते गए। इस तरह पूरी दुनिया लोगों से भर गई।

जब कैन बड़ा हुआ तो वह किसान बन गया। एबेल बड़ा होकर चरवाहा बन गया और भेड़ों की देखभाल करने लगा।

एक दिन कैन और एबेल ईश्वर के लिए उपहार ले कर आए और इतनी सुंदर दुनिया बनाने के लिए उसको धन्यवाद देने लगे।

उन्होंने एक वेदी बनाई। कैन गेहूँ, अंजीर और अंगूर जैसी अपनी उगाई बहुत सी चीजें ले आया। एबेल अपनी भेड़ का पहला मेमना ले आया। ईश्वर एबेल के

उपहार से बहुत प्रसन्न हुआ क्योंकि वह समझता था कि एबेल उसे संतुष्ट करना चाहता है। ईश्वर को कैन के उपहार पसंद नहीं आए। उसे यह भरोसा नहीं था कि कैन उसकी इच्छा के अनुसार काम करेगा। कैन को इससे बहुत निराशा हुई। उसने इस सबके लिए एबेल को दोषी ठहराया। वह उससे बदला भी लेना चाहता था। उसने एबेल को खेत से बाहर बुलाया और एक पत्थर से उसकी हत्या कर दी।

ईश्वर को कैन की इस हरकत का पता चला तो उसने उससे कहा कि जिस तरह से उसने एबेल का ख़ून जिस ज़मीन पर बिखरा दिया है, उस पर अब कोई फसल नहीं उग पाएगी। उसे रोज़ी-रोटी चलाने के लिए कहीं दूर जाना पड़ेगा। कैन को यह भी डर लगा कि अगर उसके नाते-रिश्तेदारों को एबेल की हत्या के बारे में

पता चलेगा तो वे लोग उसे भी मार डालेंगे। ईश्वर ने उसके ऊपर एक निशान बना दिया, ताकि लोगों को पता रहे कि ईश्वर उसकी रक्षा कर रहा है। अब कैन को वहाँ से जाना था और कहीं दूर जाकर रहना था।

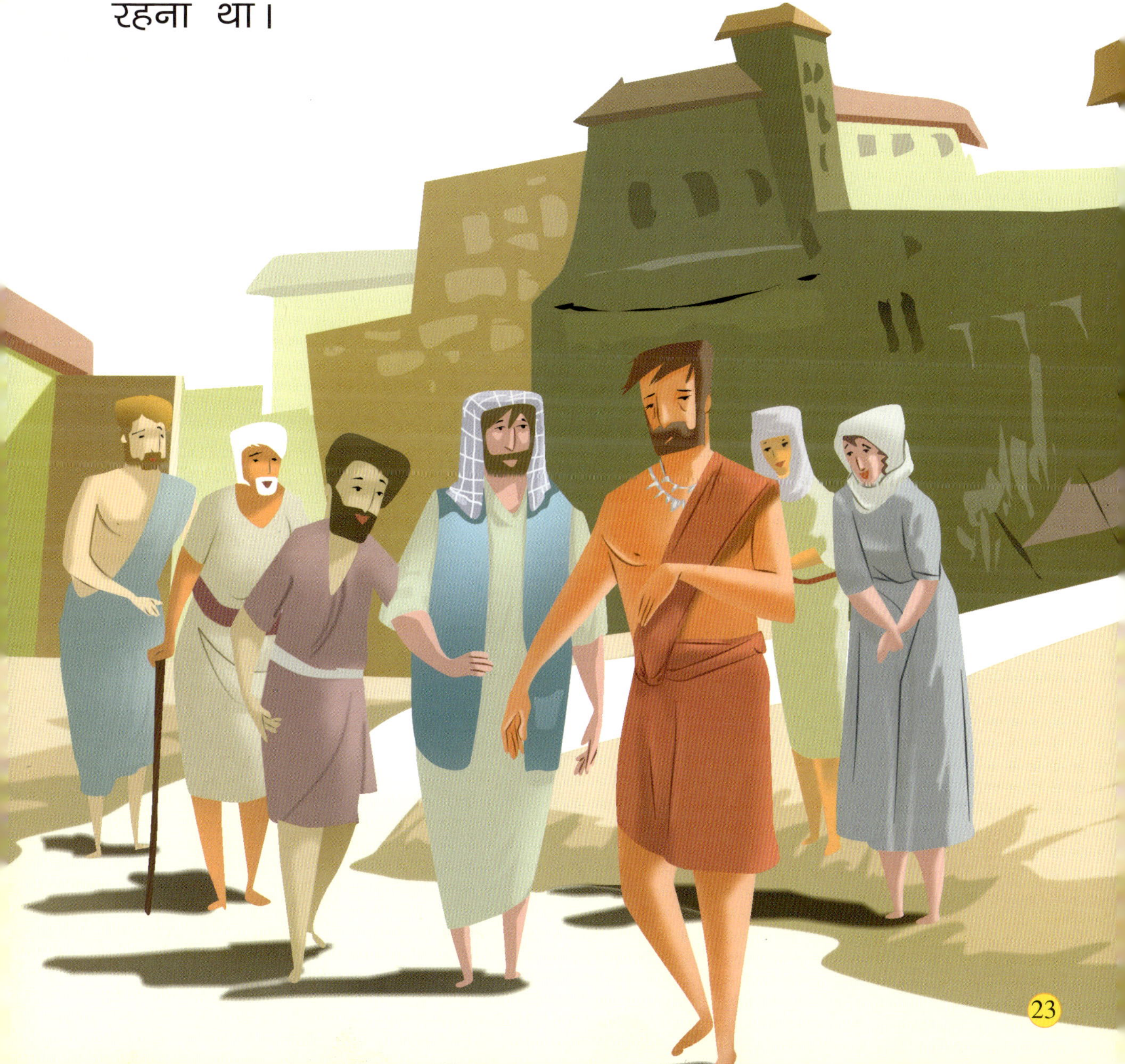

नूह की कहानी

बहुत साल बीत गए और धीरे-धीरे लोग ईश्वर के बारे में भूल गए। पृथ्वी नर्क की तरह बुरी हो गई। ईश्वर यह सब देख रहा था और समझ रहा था कि अब भलाई की कोई परवाह नहीं करता। इतनी सारी बुराइयों के बीच उसे एक भला मनुष्य दिखा, जिसका नाम नूह था।

नूह अब भी ईश्वर को बहुत प्यार करता था और ईश्वर की बताई बातों का पालन करने की कोशिश करता

था। आखिरकार, ईश्वर ने नूह से कहा कि वह इस दुनिया में पैदा हो गईं बुराइयों को ख़त्म कर दे और फिर से नई शुरुआत करे। इसके लिए उसने नूह से संदूक के आकार की एक बहुत बड़ी नाव बनाने को कहा। नूह ने ईश्वर को बताया कि वह अकेला इस कार्य को नहीं कर पाएगा। ईश्वर ने उसकी चिंता दूर करते हुए उसका साथ देने का वचन दिया। इस प्रकार, ईश्वर की सहायता से नूह ने वह नाव बनानी शुरू कर दी। कई सालों तक दिन-रात काम करने के बाद आखिरकार वह नाव बनकर तैयार हो गया।

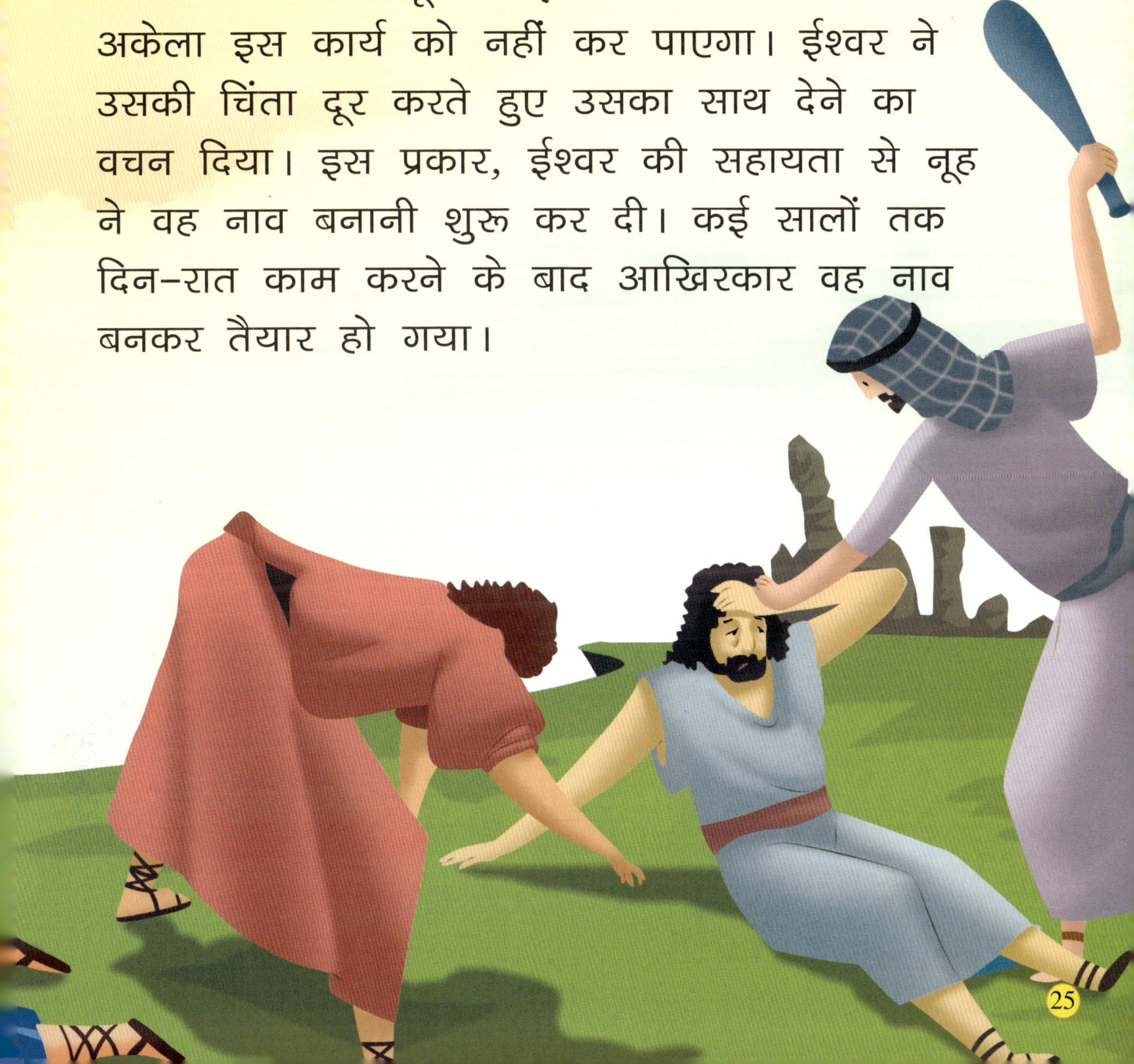

इसके बाद ईश्वर ने हर तरह के दो-दो प्राणी लाने को कहा, जिसमें एक नर हो और एक मादा हो। ईश्वर ने उन सबको नाव पर लाने को कहा। ईश्वर ने नूह से सभी प्राणियों के लिए पर्याप्त खाना लाने को भी कहा। ईश्वर की सहायता से नूह हर तरह के पशु-पक्षियों को ले आया। जब वह आखिरी जानवर को नाव पर ला रहा था, तभी बारिश होने लगी।

ईश्वर ने नूह से कहा कि वह अपने परिवार समेत नाव में आ जाए। उसके परिवार में उसकी पत्नी, तीन बच्चे और बहुएँ थीं। इसके बाद ईश्वर स्वर्ग से नीचे उतरा और उसने नाव का द्वार बंद कर दिया।

लगातार चालीस दिन तक बारिश होती रही। नूह की नाव ऊँचे पहाड़ों पर तैरती रही। कहीं कोई सूखी धरती नहीं बची थी। धरती पर रहने वाले सभी जीव-जंतु मर गए।

नूह और उसका परिवार संदूक के आकार की उस नाव पर इंतजार करते रहे। 150 दिनों तक संदूक लहरों पर तैरती–उतराती रही। उन्हें लगने लगा कि कहीं ईश्वर उनके बारे में भूल तो नहीं गया।

नहीं, ईश्वर अपने बच्चों को भूला नहीं था। एक दिन गर्म हवा चलने लगी, बारिश रुक गई और पानी कम होने लगा। पानी पूरी तरह

से उतरने में 150 दिन और लग गए। नाव अरारात नाम के पहाड़ की चोटी पर आ गई।

नूह ने बाहर का हाल जानने के लिए एक कबूतर को भेजा। सात दिन बाद कबूतर अपनी चोंच में जैतून की एक ताजा पत्ती दाबे हुए लौटा। ज़मीन मिल चुकी थी और सूखी धरती पर जैतून का झाड़ उगने लगा था!

आखिरकार, ईश्वर ने नूह से कहा कि अब नाव से बाहर आ जाने का समय आ गया है। ईश्वर ने पूरी दुनिया की सफाई कर दी थी। वे दुनिया में नए मकानों की तलाश में निकल पड़े।

ईश्वर ने उनको बचा लिया था!

नाव से सारे जीव-जंतु और पशु-पक्षी बाहर निकल आए। नूह ने चट्टानों से एक वेदी बनाई और ईश्वर के प्रति धन्यवाद देने के लिए कुछ जानवरों की बलि चढ़ा दी। ईश्वर उसके बलिदान से बहुत प्रसन्न हुआ और उसे वचन दिया कि अब वह बाढ़ से दुबारा कभी दुनिया को नष्ट नहीं करेगा। उसने नूह को दिए अपने वचन की निशानी के तौर पर आकाश में एक इंद्रधनुष लगा दिया।

मूसा की कहानी

मूसा की कहानी उस स्थान की है, जहाँ इस्राइल के लोग बंदी बनाकर रखे गए थे। ये लोग "यहूदी" कहलाते थे। मिस्रवासी उनसे कड़ी मेहनत करवाते थे, लेकिन उनसे डरते भी थे। मिस्रवासियों को लगता था कि यहूदियों की जनसंख्या बहुत तेजी से बढ़ रही है और कुछ ही दिनों में उनकी संख्या ज्यादा हो जाएगी और मिस्रवासी कम रह जाएँगे।

मिस्र के क्रूर राजा ने एक आदेश दिया कि यहूदी गुलामों के पैदा होने वाले सारे लड़कों को पैदा होते ही मार डाला जाए।

उसी समय, एक यहूदी महिला ने भी एक बच्चे को जन्म दिया। महिला ने अपने बच्चे को छिपाने की बहुत कोशिश की, लेकिन जैसे-जैसे वह बड़ा होने लगा, वह शोरगुल करने लगा। उसे छिपाए रखना मुश्किल हो गया। उसके माँ-बाप को डर था कि सिपाही उसे मार न डालें।

इस बच्चे की एक बड़ी बहन भी थी, जिसका नाम मरियम था। उसने एक विशेष तरह की टोकरी बनाई जो पानी में तैरती रह सकती थी। उसने अपने भाई को उस टोकरी में रखा और नदी में बहा दिया। सबने बच्चे की कुशलता के लिए ईश्वर से प्रार्थना की। टोकरी पानी में बहती चली गई और नन्हाँ बालक उसमें सोता रहा।

मिस्र के राजा की बेटी नदी में नहाने के लिए आई, तो टोकरी पर उसकी निगाह पड़ी। तब तक बच्चे की नींद खुल चुकी थी। उसे भूख लग आई थी, इसलिए वह रोने लगा।

शहज़ादी ने टोकरी से उसे उठा लिया। सुंदर बच्चा देखकर वह बहुत प्रसन्न हुई।

बच्चे की बहन मरियम दूर खड़ी ये सब देख रही थी। वह भागकर शहज़ादी के पास गई और उससे बच्चे की देखभाल करने का काम उसे सौंप देने का अनुरोध करने लगी। शहज़ादी तुरंत राज़ी हो गई। मरियम के कहने पर बच्चे की देखभाल का काम उसकी माँ को सौंप दिया गया। उसने ईश्वर के प्रति आभार

जताया। वह समझ गई थी कि बच्चे की रक्षा ईश्वर ने ही की है।

जब बच्चा बड़ा हुआ तो शहज़ादी उसे अपने साथ महल में ले गई। वह उसे मिस्र के राजकुमार की तरह पालना-पोसना चाहती थी। उसने उसे मूसा नाम दिया, जिसका अर्थ होता है, पानी से निकाला हुआ।

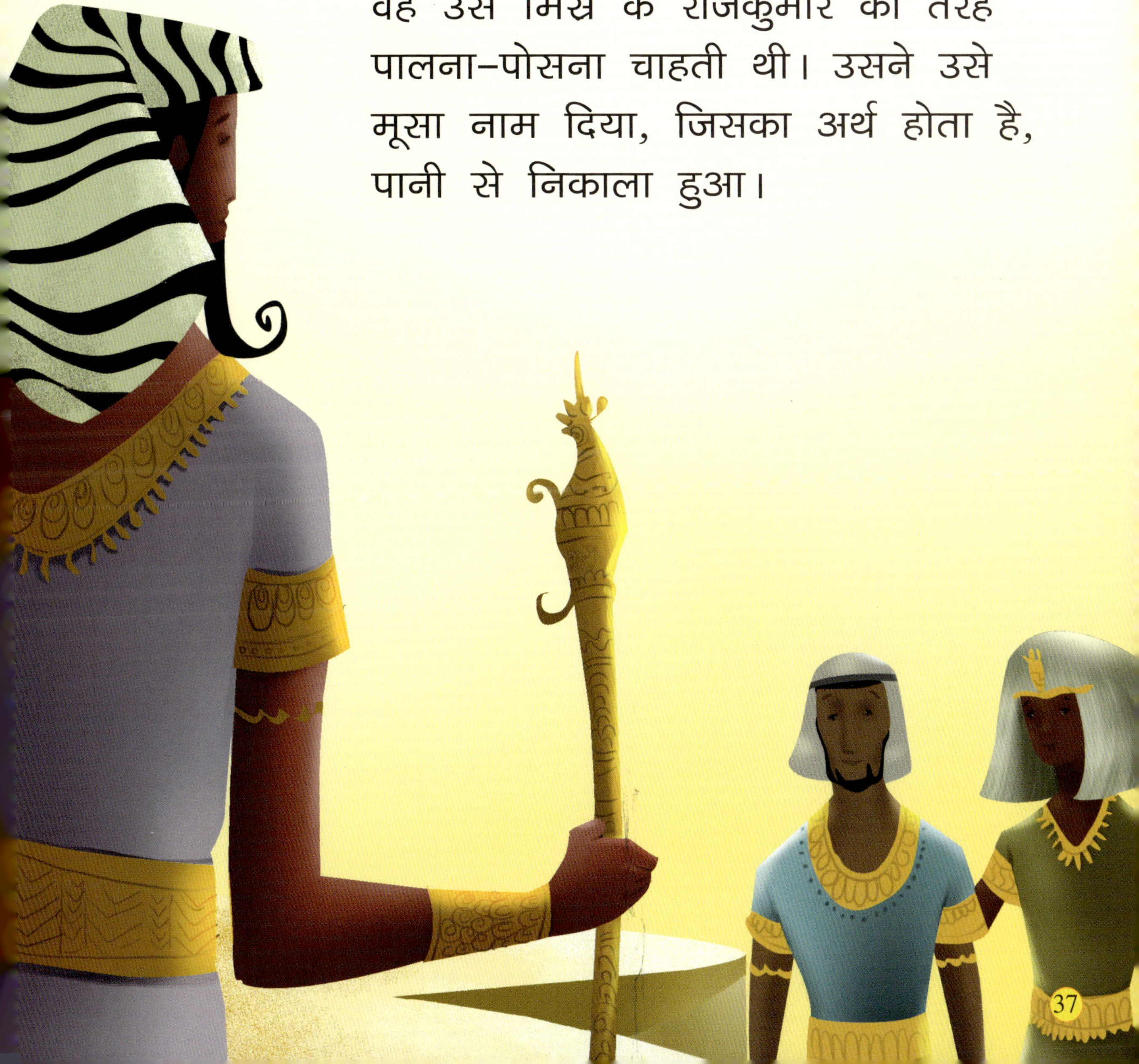

मूसा को ईश्वर की दस हिदायतें

मूसा बहुत ही धार्मिक स्वभाव का था। उसे ईश्वर में बहुत अधिक विश्वास था। ईश्वर ने उसे यहूदियों को दुर्भाग्य से मुक्ति दिलाने के लिए चुना था।

जब मूसा ईश्वर के निर्देश पर सिनाई पर्वत पर पहुँचा, तो उसे वह जगह बहुत पवित्र लगी। उसने अपनी चप्पलें उतार दीं और वहाँ जल रही झाड़ी के पास पहुँच गया। वहाँ पर उसे ईश्वर की आवाज़ सुनाई पड़ी। ईश्वर ने उसे कहा कि वह यहूदियों को दस हिदायतों का पालन करने को कहे।

मेरे अलावा और किसी को ईश्वर मत मानो।

अपने लिए कोई मूर्ति मत बनाओ।

ईश्वर के नाम का दुरुपयोग मत करो।

सप्ताह का सातवाँ दिन पवित्र मानो और उसे याद रखो।

अपने माता-पिता का आदर करो।

किसी की हत्या मत करो।
कभी दुराचार मत करो।
कभी चोरी मत करो।
अपने पड़ोसी के विरुद्ध कभी
झूठी गवाही मत दो।
कभी लालच मत करो।

ईश्वर की ये हिदायतें एक चट्टान पर उभर आईं। मूसा ने ईश्वर को उसकी कृपा और दया के लिए धन्यवाद दिया। वह ईश्वर की दस हिदायतों वाला पत्थर लेकर सिनाई पर्वत से नीचे उतर आया।

बलाम और उसके गधे की कहानी

बलाम अपने गधे पर सवार होकर ऐसी जगह जा रहा था, जहाँ ईश्वर उसे नहीं जाने देना चाहता था। जब वह रास्ते में था, तभी ईश्वर ने तलवार लिए हुए एक परी को उसे रोकने के लिए भेजा। बलाम की निगाह परी पर नहीं गई लेकिन गधे ने उसे देख लिया। वह किनारे की सड़क पर आ गया। बलाम ने परी को नहीं देखा था, इसलिए उसने गधे को चाबुक मार दिया।

सड़क कुछ सँकरी थी। उसके एक तरफ अंगूर का बगीचा था और दूसरी तरफ एक दीवार थी। जब वे लोग निकलने लगे, तो गधे की निगाह फिर से तलवार लिए हुए परी पर पड़ गई। अपने मालिक को बचाने के लिए वह फिर से एक और अधिक सँकरी सड़क पर आ गया। बलाम की टाँग दीवार से टकरा गई। बलाम ने फिर से गधे को चाबुक मारा।

जब वे उस सँकरे रास्ते से जा रहे थे, तभी गधे ने एक बार फिर से परी को देखा। वह एक तरफ हटने ही वाला था कि बलाम ने उसे जोर से चाबुक मार दिया। गधा वहीं ज़मीन पर गिर पड़ा। तभी, ईश्वर ने गधे को बोलने की शक्ति दे दी।

गधे ने बताया कि वह हर बार सँकरी गली की तरफ इसलिए मुड़ जाता था क्योंकि उसे एक परी दिख जाती थी, जो तलवार लिए उसे मारने के लिए आ रही होती थी।

दुर्भाग्य से बलाम गधे को धन्यवाद देने के बजाय उस पर चाबुकों की बौछार करता रहा। बलाम को अब अपनी ग़लती का अहसास हुआ। इसके बाद वह अपने गधे का अच्छी तरह से ख़्याल रखने लगा।

बहादुर सैमसन

एक समय ऐसा भी आया कि इस्राइल के लोग अपने ईश्वर को ही भूल गए। निर्दयी फिलिस्तीनियों ने उन पर बेरहमी से राज किया और उनके साथ गुलामों जैसा व्यवहार किया। एक दिन एक गुलाम महिला को सपना आया। सपने में एक देवदूत ने उससे कहा कि वह

जल्द ही माँ बनने वाली है। उसका बेटा बहुत बहादुर और ताकतवर होगा। देवदूत ने महिला को हिदायत दी कि वह उस बच्चे के बाल कभी न काटे। उसकी सारी शक्ति बालों में ही रहेगी। जब बच्चा पैदा हुआ, तो उसका नाम सैमसन रखा गया। वह लंबा-तगड़ा और बहादुर था। जब वह युवक था, तभी वह एक शेर से भिड़ गया था। देखते ही देखते सैमसन ने बिना किसी हथियार के ही शेर को फाड़कर रख दिया था।

सैमसन को ईश्वर का साथ था और उसने कई बड़े-बड़े काम कर दिखाए।

फिलिस्तीनियों ने भी बहादुर सैमसन के बारे में सुना। उन्होंने उसे पकड़ने के लिए सेना भेज दी। सैमसन के ऊपर ईश्वर का हाथ था। उसने अकेले ही एक हज़ार सैनिक मार डाले और फिलिस्तीनियों को पराजित कर दिया।

फिलिस्तीन के राजा सैमसन से तंग आ चुके थे। सैमसन लोगों को राजाओं के ख़िलाफ

भड़काता रहता था। राजाओं ने सैमसन की ताकत का रहस्य पता करने का निश्चय किया।

वे उसकी सुंदर पत्नी डेलिया के पास गए। उन्होंने डेलिया को चाँदी के सिक्के देकर सैमसन की शक्ति का रहस्य पूछा।

डेलिया को भी वह रहस्य पता नहीं था। उसने हर तरह से लुभाकर वह रहस्य जानने की कोशिश की। वह हर दिन सैमसन से उसकी ताकत का रहस्य पूछती। एक दिन सैमसन ने उसे अपनी ताकत का राज बता ही दिया।

यहीं पर सैमसन से गलती हो गई। उसी रात को सैमसन जब सो रहा था, तभी

डेलिया ने उसके लंबे बाल काट डाले। अगले दिन सुबह फिलिस्तीनी आए और सैमसन को पकड़कर ले गए। बाल कट जाने के कारण कमज़ोर हो चुका सैमसन उनका मुकाबला नहीं कर सका। फिलिस्तीनी उसे ज़ंजीरों से बाँधकर खींचते हुए ले गए। गर्म सलाखों से उन्होंने उसकी आँखें फोड़ दीं। बेचारा सैमसन अब अंधा हो चुका था। वह बहुत कमज़ोर भी हो गया था। उससे घंटों कड़ी मेहनत भी कराई जाती थी।

धीरे–धीरे समय बीता और सैमसन के बाल फिर से लंबे हो गए। फिलिस्तीनी राजा भी उसके बारे में भूल गए और खुशियाँ मनाने में व्यस्त हो गए।

एक दिन सैमसन को खींचकर एक बड़े मंदिर तक लाया गया और उसे दो खंभों के बीच खड़ा कर दिया गया। मंदिर फिलिस्तीनी जनता से भरा हुआ था। सारे लोग सैमसन और उसके ईश्वर का मज़ाक उड़ाने लगे।

सैमसन ने ईश्वर से उसे शक्ति देने की प्रार्थना की। तभी अचानक उसने दोनों खंभों को धक्का देकर गिरा दिया और देखते ही देखते मंदिर ढह गया। मंदिर ढहकर उसके और वहाँ मौजूद फिलिस्तीनियों के ऊपर गिरा।

सब लोगों के साथ सैमसन भी मंदिर में दबकर मर गया, लेकिन आखिरकार यह उसकी जीत ही थी।

डेविड और गोलिएथ

फिलिस्तीनी सेना और इस्राइली सेना के बीच युद्ध चल रहा था। हालाँकि, इस्राइली सेना कुछ डरी हुई थी। डर का कारण फिलिस्तीनी सेना का एक दैत्याकार सैनिक था, जिसका नाम गोलिएथ था। वह 9 फुट लंबा था। जब वह चलता था, तो धरती हिलने लगती थी। 40 दिनों तक दोनों सेनाएँ एक-दूसरे की पहल का इंतजार करती रहीं। गोलिएथ आता और चिल्ला-चिल्लाकर इस्राइली देवता को गाली देने लगता।

एक दिन डेविड युद्ध मैदान में आया। उसने गोलिएथ को चिल्लाते हुए और इस्राइलियों का अपमान करते हुए सुना। डेविड एक चरवाहे का बालक था। वह बहुत नेक स्वभाव का था। उसे ईश्वर में गहरा विश्वास था। उसने राजा साउल से कहा कि वह गोलिएथ से लड़ने के लिए युद्ध मैदान में जाना चाहता है। राजा ने अनुमति दे दी।

गोलिएथ भी पूरी तरह से कवच पहने हुए और तलवार और भाला लेकर युद्ध मैदान में पहुँचा। डेविड अपने चरवाहे वाले कपड़ों में ही आया। उसके पास गुलेल और पत्थर के टुकड़ों से भरा थैला ही था। जब गोलिएथ ने उसे देखा तो वह आश्चर्य करने लगा।

डेविड ने एक पत्थर उठाया और उसे गुलेल में लगाते हुए ईश्वर से सहायता की प्रार्थना की। इसके बाद उसने गुलेल से निशाना लगा दिया।

पत्थर सीधा गोलिएथ के माथे पर लगा। गोलिएथ वहीं पर गिर पड़ा। डेविड

ने गोलिएथ की तलवार निकाली और उसका सिर काट डाला।

जब फिलिस्तीनियों को पता चला कि उनका नायक मारा गया है, तो वे सब तितर-बितर हो गए और युद्ध मैदान से भाग निकले। इस्राइली सेना की जीत हो गई।

यही छोटा बालक एक दिन राजा डेविड बना।

बुद्धिमान सोलोमन

डेविड का बेटा सोलोमन पृथ्वी का सबसे बुद्धिमान व्यक्ति निकला। दूर-दूर से लोग उससे अपनी समस्याएँ सुलझाने आते थे। बड़े-बड़े राजा-रानी तक उससे मिलने आते और उसके लिए महँगे-महँगे उपहार लाते। एक दिन दो महिलाएँ एक बहुत छोटे बच्चे को लेकर उसके पास आईं। महिलाओं ने बताया कि वे दोनों एक ही मकान में रहती हैं। दोनों के बीच उस छोटे बच्चे को लेकर

झगड़ा हो रहा था। उस बच्चे को दोनों ही अपना बेटा बता रही थीं। दोनों महिलाएँ चाहती थीं कि राजा सोलोमन ही यह फ़ैसला करे कि वह बच्चा किसका है।

सोलोमन ने एक बुद्धिमानी भरी योजना बनाई। उसने एक तलवार मँगवाई और सिपाहियों से कहा कि उस बच्चे के

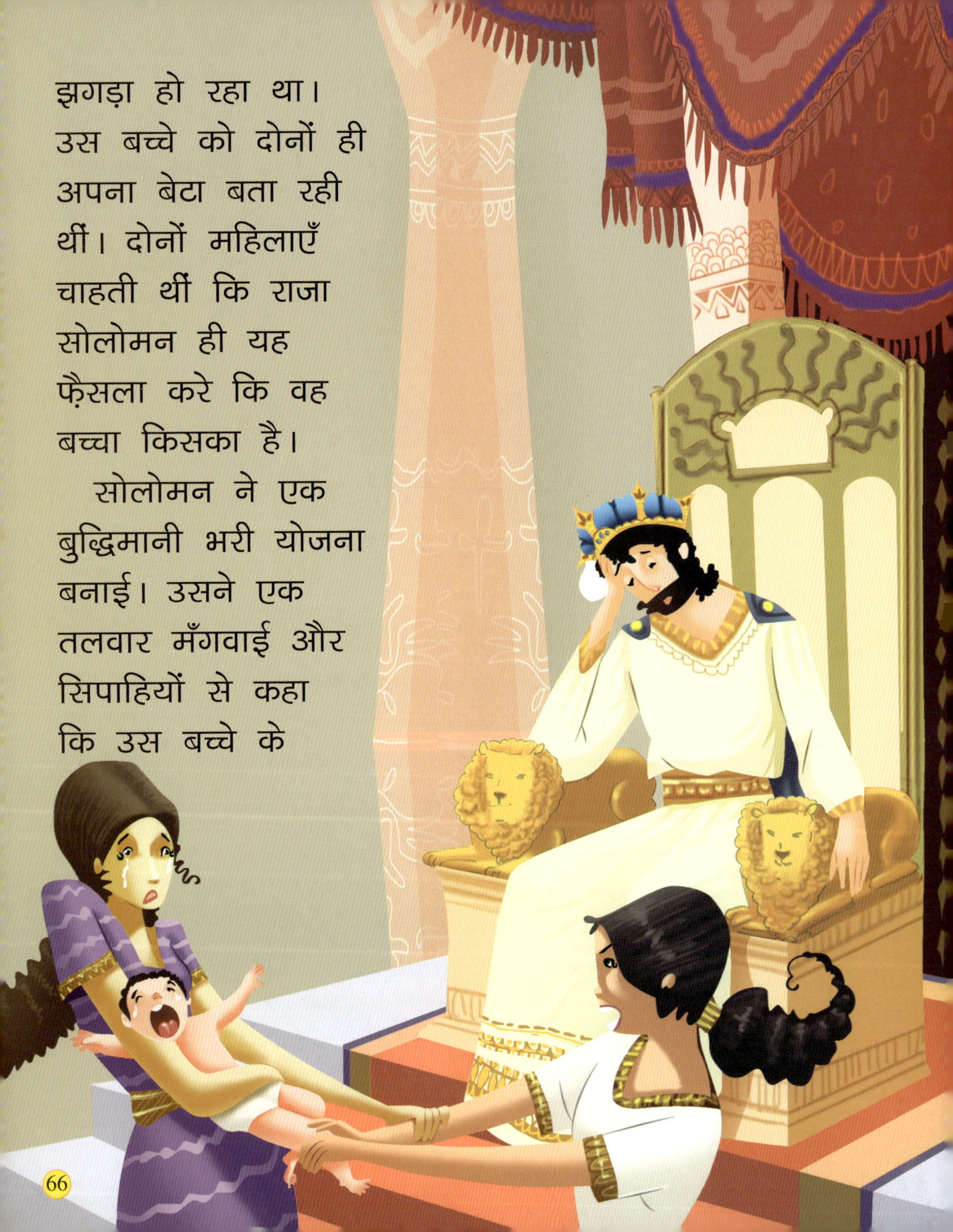

दो टुकड़े करके दोनों महिलाओं को एक-एक टुकड़ा दे दें। वह उस बच्चे को सच में कोई नुकसान नहीं पहुँचाना चाहता था, बल्कि वह देखना चाहता था कि यह बात सुनकर वे महिलाएँ क्या कहती हैं। वह जानता था कि बच्चे की असली माँ कभी अपने बच्चे को मरने नहीं देगी।

सोलोमन की बात सुनकर एक महिला ने तो बच्चे को काट डालने पर सहमति जता दी लेकिन दूसरी महिला मना करते हुए उसे बच्चे को दूसरी महिला को ही दे देने के लिए कहने लगी।

सोलोमन समझ गया कि बच्चे की असली माँ कौन है। उसने बच्चा उसी

महिला को दिला दिया, जो बच्चे को काटने से मना कर रही थी। सोलोमन ने बच्चे पर दावा करने वाली दूसरी महिला को सज़ा भी दी।

जॉब की कहानी

जॉब एक नेक और धनी व्यक्ति था। उसकी एक पत्नी और 10 बच्चे थे। उसके पास बहुत सारे जानवर भी थे। वह ईश्वर की दी हुई हिदायतों का पालन करता था और ईश्वर ने भी उस पर बहुत कृपा की थी। ईश्वर जानता था कि जॉब सदाचारी है। शैतान भी यह बात जानता

था लेकिन शैतान को लगता था कि जॉब सदाचारी इसीलिए है क्योंकि ईश्वर ने उस पर बहुत कृपा की है। उसे लगा कि अगर उस पर कृपा न रहे तो जॉब ईमानदार नहीं रह पाएगा। ईश्वर ने दावा किया कि जॉब को नुकसान पहुँचाए बिना, उसका सब कुछ छिन जाए, तब भी वह ईमानदार ही रहेगा। एक दिन जॉब के बैल और सारे नौकर-चाकर मर गए। उसकी भेड़ें भी जल गईं, उसके ऊँट चोरी हो गए। तेज़

आँधी में उसके बेटे का मकान ढह गया। उसके बच्चे भी मर गए। उसके पास कुछ भी नहीं बचा, फिर भी वह ईश्वर से नाराज़ नहीं हुआ। वह ईश्वर की आराधना करता रहा और उससे बोला कि जब वह पैदा हुआ था, तब उसके पास कुछ भी

नहीं था। ईश्वर ने ही उसे सब कुछ दिया था और अब ईश्वर ने ही उससे सब कुछ वापस ले लिया है। वह अब भी ईश्वर को प्यार करता रहा। ईश्वर ने शैतान से कहा कि अब जॉब के पास कुछ भी नहीं बचा है, फिर भी वह ईमानदार और सज्जन बना हुआ है। शैतान बोला कि अगर वह बहुत अधिक बीमार हो जाए तो वह ईमानदार नहीं रह जाएगा। ईश्वर जानता था कि शैतान, जॉब को बीमार तो कर सकता है,

लेकिन उसे मार नहीं पाएगा। जॉब सचमुच बहुत बीमार हो गया। उसके शरीर पर घाव ही घाव हो गए, लेकिन उसका ईश्वर पर विश्वास तनिक भी कम नहीं हुआ। उसके मित्र उसका हाल-चाल पूछने के लिए आते। वे कहते कि जॉब ज़रूर दुष्ट ही रहा होगा क्योंकि ईश्वर दुष्ट लोगों को ही दंड देता है। जॉब उनसे कहता कि उसने कभी कोई बुरा काम नहीं किया

और उसे समझ में नहीं आ रहा है कि इतनी सारी मुसीबतें उस पर क्यों टूट रही हैं। वह अपने मित्रों से कहता कि वह मरते दम तक ईश्वर से प्यार करता रहेगा। अगर वह मर गया, तो उसका पुनर्जन्म होगा। उसे फिर से अपना शरीर वापस मिल जाएगा और तब वह ईश्वर के दर्शन कर सकेगा। तभी जॉब को दैववाणी सुनाई

दी। ईश्वर ने उससे बहुत सारे प्रश्न किए। जॉब ने सारे प्रश्नों के उत्तर दिए। कुछ बातें वह नहीं समझ पाया। ईश्वर ने जॉब से कहा कि मनुष्य ईश्वर के कामों का मतलब हमेशा नहीं समझ सकता। चाहे कुछ भी हो जाए, मनुष्य को ईश्वर पर विश्वास करते रहना चाहिए। तभी जॉब की निगाह ईश्वर

पर पड़ी। जॉब भी सारी कठिनाइयों के बावजूद ईमानदार और सज्जन बना रहा था। जॉब ईश्वर से प्यार करता था और उस पर विश्वास करता था।

ईश्वर ने जॉब को आशीर्वाद दिया और उसे पहले से भी ज़्यादा धनी और सुखी बना दिया। ईश्वर ने उसे बहुत सारे जानवर दे दिए। जॉब और उसकी पत्नी के पास पहले से भी ज़्यादा बच्चे हो गए और वे सब सुखी और प्रसन्न थे। जॉब भी काफी अधिक उम्र तक सुखी जीवन जीता रहा।

TITLES IN THIS SERIES

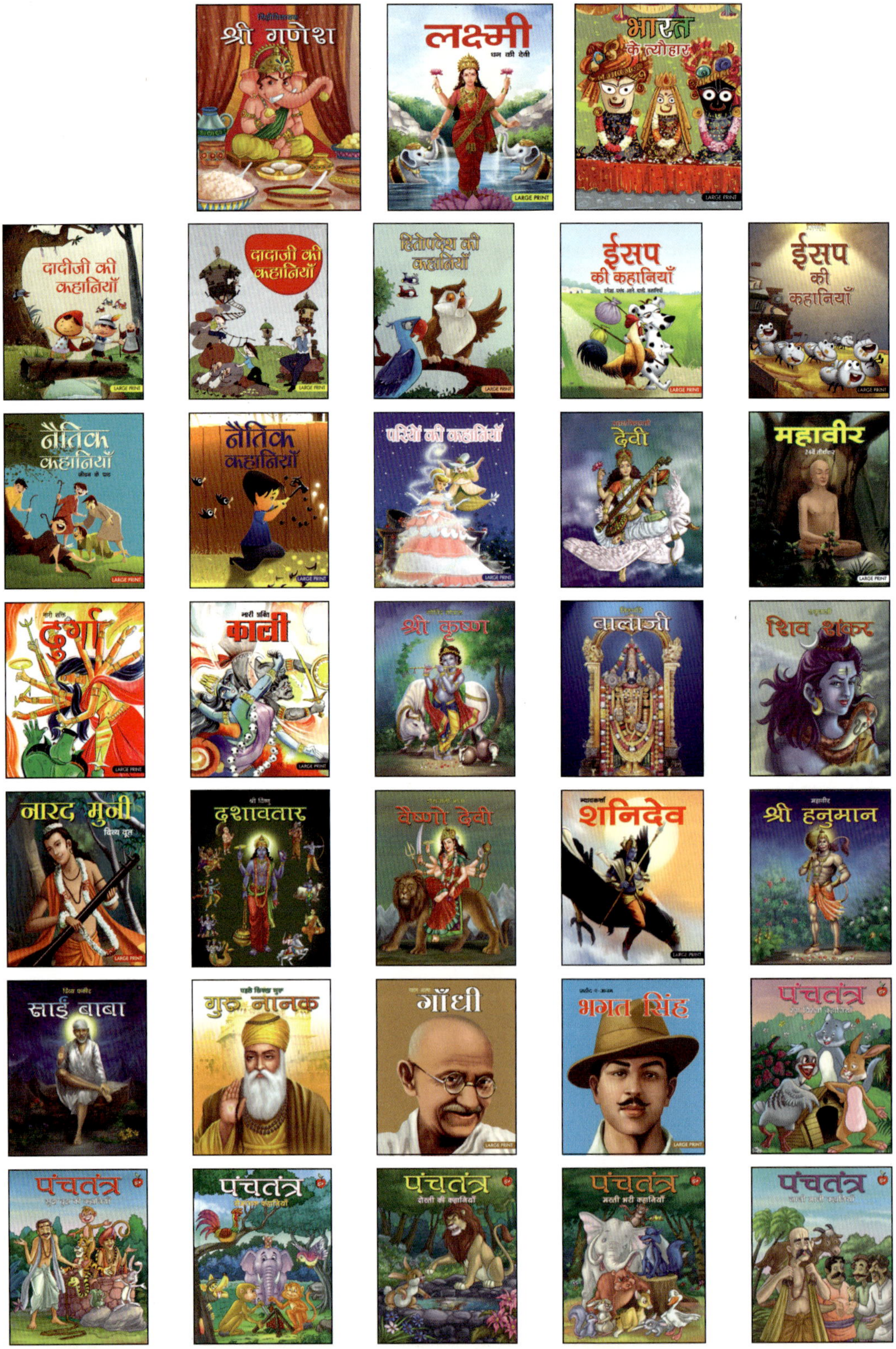